I0696172

ISBN

Mi nombre es Edwing Manuel Mendoza Robayo mi lugar de nacimiento es Caracas Venezuela Soy hijo de padres ecuatorianos y desde los 6 años de edad vivo en Ecuador hijo de papá manabita y mamá guayaquileña Mis raíces marcaron mi vida y la herencia genética que llevó a través de esta combinación manaba-guayaca hizo forjar mi carácter soy de profesión máster en administración de empresas soy CEO Fundador de la firma MA Global Insurance y Mendoza Consultores; casado con Fátima Acosta de nacionalidad paraguaya y con un hijo Thiago Isaías de 3 años de edad que ha sido mi mayor patrimonio familiar defino la vida de riqueza cuando cubres todas las aristas de vida en el ámbito espiritual, mental, físico y económico.

**Dedicatoria. -**


Este libro es dedicado a mi familia, puntal del crecimiento que he obtenido mis padres, mis hermanas, mi esposa y mi hijo y a todas las personas que han sido parte en mi vida y en el camino que he recorrido he sumado experiencias.

**Descripción. -**

El presente libro fue inspirado por situaciones de carencias vividas a lo largo de mi vida personal, La riqueza que anhelaba desde niño estaba orientada a la obtención de lo material, Cuando desde niño veía en personas con riqueza material me causaba una motivación per ser parte de ese selecto grupo; donde pesa más quien mantiene la mayor riqueza económica, Al empezar mi vida laborar en un Banco, vi tantos ceros en una cuenta de clientes, y veía una riqueza muy cercana pero ajena, pero me deslumbraba poder conseguirla con trabajo y esfuerzo, y empecé a construir mi propia riqueza económica, pero al pasar el tiempo comencé a sentir ciertos vacíos que poco a poco fueron llenándose con mi esposa e hijo, mi encuentro conmigo mismo en lo espiritual, mental y físico sumándole a esto lo económico la riqueza anhelada desde pequeño, pero igual sentía que faltaba algo, y ya no sabía que era, hasta que tome la decisión de escribir este libro, entonces al hacerlo me he sentido completamente realizado con la verdadera riqueza, la riqueza integral es hacer todo lo que desees en esta vida, hay personas que temen en hacer algo pero yo les digo tengan fe en sí mismo ya que somos los seres con tanto talento que nunca vamos a poder llegar a utilizarlo, pero nuestra ofrenda a la vida es hacer todo lo que deseamos.

## ÍNDICE

El ser humano es alguien tan maravilloso que cuando llega a este mundo es el sol para los padres que serían los planetas en órbitas de un universo.

La ley de vida que tanto hemos escuchado sobre nacer, crecer, reproducir y morir está bien, pero esto tiene más sentido que simples palabras de identificación a una persona, somos condicionados por una cepa genética que se remonta a nuestros ancestros; sin embargo, el entorno donde crecemos marca más nuestra vida que la herencia genética que adoptamos al nacer.

Algún momento escuché que yo tengo la esencia del lugar donde nací y eso me hizo pensar claro tiene que ser así, pero en realidad tiene que ver con lo que quieres o en lo que te conviertes no sólo por el lugar donde naces sino también el lugar donde creces.

El amor es una de las palabras más importantes y con

mayor fuerza ya que te alinea al camino cuál debes ir cuando vayas a hacer algo hazlo con amor, enamórate de lo que vas a hacer y hazlo con todas tus fuerzas. La comprensión del amor cuándo inicias algo debes terminar profundamente de la misma forma que iniciaste de la misma forma todo ese proceso, el amor hacia tus propósitos, el amor hacías tus objetivos, el amor hacia tus planes, el amor hacia tus hábitos, el amor en todo es fundamental para cumplir tus sueños metas y anhelos.

**Tus creencias marcaran el rumbo**

Tus creencias marcarán el rumbo de tu camino y de esa forma llegarás al resultado; tal vez el resultado no te guste pero está basado en esos pilares que pusiste en tu vida pasada a través de tus creencias, solo cuando identificamos que esas creencias no te ayudan en la vida, en automático buscas cambiarlas con nuevos hábitos, lo cuales mejorarán tu vida y mejoran tu entorno también, mejorará tu imagen y todo lo que concierne a ti para llegar a los resultados deseados, por eso es importante determinar las creencias que cada uno tiene cada vez que identificamos una creencia o un mal hábito que no suma en nuestras vidas en automático deberíamos cambiar ese mal hábito. Pero eso sí darnos cuenta si esa nueva creencia o ese nuevo hábito que estamos adoptando en lo personal no sirve para cumplir los objetivos de vida, te preguntaras en que momento consideras que el nuevo habito se está adaptando a ti, cuando te empieza a sentir incomodo por no ejecutar con disciplina ese nuevo habito, por ejemplo sino se te cepillas los dientes o no te bañas te vas a sentir incomodo, de la misma forma vas a sentir cuando el nuevo habito no lo haces con disciplina, si empiezas a leer y lo empiezas hacer con emoción, pero hay algún día que por cualquier motivo no leíste en automático vas a sentir que algo te hizo falta para terminar tu día sintiéndote realizado.

El miedo debes de aprender a dejarlo, muchas veces te detienes por miedo, reprimes tus sueños, debes de dejar el miedo y de esa forma pasarás al siguiente nivel, no dejes que te reprima ni que te ganes el miedo recuerda siempre que tú eres más fuerte que él; el miedo es sinónimo de ignorancia de desconocimiento de alguna información, solo debes afrontarlo, como lo haces informándote, estudiando sobre el tema de interés de lo que te asusta, por ejemplo, en la actividad de negocios o ventas, si tienes miedo de hacer una llamada o visita al cliente, hazlo solo debe especializarte en esa llamada masterizarla, de la misma forma la presentación en la visita del cliente, eso es afrontar ese miedo y el hacerlo hará que ese miedo se valla, te deje, te libere, una vez que lo dejes tendrás éxito en todo.

 En algún momento considere tanto miedo, que siempre pensaba que iba a tener un futuro desastroso en relación a la riqueza, cada vez veía más difícil de alcanzar todo lo que había soñado.

Cuando entiendes que toda imaginación es creada por sí mismo y tienes el derecho, tienes la opción de pensar que es en lo que te quieres convertir para bien o para mal.

La mayoría de la gente usa su imaginación y no constructivamente, el problema no es lo que piensen de ti el problema está en lo que tú piensas de ti; lo que piensan de ti no hace ninguna diferencia, lo que tú piensas de ti es lo que hace la diferencia recuerda que eres la obra más grande de Dios, recuerda eso eres un ser maravilloso que está dotado de muchas habilidades cuando tú te enfocas profundamente en lo que eres y en lo que te puedes convertir es en ese momento que identificaste cómo llegar al éxito y cómo alcanzar la riqueza integral.

Las creencias son muy importantes, las personas deben de creer en sí mismas de que lo pueden hacer, y no creer que no están preparadas para poder obtener lo que desean, las creencias marcaran el rumbo para poder alcanzar eso que tanto sueñas, debes de creer que lo vas a lograr, debes de confiar en ti mismo que lo vas a hacer, me analice cientos de veces y mi mayor dificultad siempre fue el proceso, el proceso es uno de los factores importante para determinar si realmente estas preparado para recibir lo que el universo tiene para ti, pero debes pagar el precio, entrega total.

Creer es un factor importante ya que si te fundes en una idea y esa idea la consolidas no hay forma de que pueda cambiar esa creencia, nada te va a poder hacer cambiar sobre las decisiones que has tomado en tu vida bajo una creencia porque se vuelve tan fuerte para ti que esa creencia te lleva al siguiente nivel.

A veces creer en uno mismo es difícil y esa dificultad se asienta más cuando tienes a tu alrededor gente que te hace dudar, en lo personal hubieron muchas ocasiones que dejaba de creer en mí mismo pero de la misma forma algo en mi se manifestaba de que podía hacerlo, muy dentro mío se convertía en una lucha interna, era momentos muy difíciles, no entendía que las barreas eran mentales porque al tomar decisión con convicción podía superarlo, siempre había alguien a mi alrededor que me guía directa o indirectamente y entendía que yo era el único problema y de la misma forma era la única solución, en el camino de toda persona existen cosas que te hace sentir inseguro y no te transmite la confianza ni la ayuda para que puedas obtener una estabilidad emocional, mental de creer en ti mismo, pero siempre vas a encontrar la solución en el interior.

Me atrevo a decir que todos en algún momento en la vida no creemos en nosotros pero hay algo que se presenta en el camino que te ayuda a entender muchas cosas de ti, de tu interior y te abre la posibilidad de verte a un espejo y decir que sí lo puedes hacer, que si lo vas a lograr porque tienes todas las habilidades y herramientas, las cuales obtenemos al nacer, ya sea por nuestra herencia genética o por nuestra crianza vamos fortaleciendo ese carácter y nos decidimos a lanzarnos sin miedos, sin temores con una sola convicción que a pesar que tengamos miedo tenemos que lograr la colegiatura, la universidad, etc. Construir una familia confiando en uno mismo y con visión tenemos claro que las cosas importantes en la vida se construyen en el largo plazo, allí es cuando nuestra creencia se forja, el carácter adopta una importancia relevante en la vida de cada uno y se suma muchas cosas en la vida de toda persona. No obstante, la creencia interna de cada uno, qué el pensamiento se conecte con la acción y determine un resultado coherente a lo que toda persona busca sentirse completamente realizado y poder dar siempre el siguiente paso.

Las creencias son como el motor que impulsa nuestras acciones y decisiones. Explora cómo nuestras creencias, ya sean positivas o limitantes, influyen en nuestras vidas. Analiza la importancia de identificar y cuestionar creencias que puedan estar limitando el potencial personal. Proporciona ejemplos de cómo cambiar creencias negativas puede abrir nuevas oportunidades y marcar un rumbo más positivo en la vida.

Las creencias son el cimiento sobre el cual construimos nuestra realidad. Marcan el rumbo de nuestro camino y determinan el resultado de nuestras acciones. Cuando tomamos conciencia de nuestras creencias, nos damos cuenta de que son como los pilares invisibles que sostienen nuestra vida. Algunas de estas creencias nos impulsan hacia adelante, mientras que otras nos limitan.

Identificar las creencias que nos limitan es el primer paso para transformar nuestra vida. Es como descubrir una brújula interna que nos ha estado guiando sin que lo notáramos. Cuando reconocemos que ciertas creencias no nos están llevando hacia donde queremos ir, surge la oportunidad de cambiarlas. Es como reprogramar nuestra mente con nuevos hábitos, hábitos que no solo mejorarán nuestra vida sino que también tendrán un impacto positivo en nuestro entorno.

Cambiar hábitos y creencias no es tarea fácil, pero es esencial para alcanzar los resultados deseados. Es como cambiar la dirección de un barco: requiere esfuerzo y enfoque constante. La disciplina se convierte en la brújula que nos guía hacia una nueva manera de pensar y actuar. La incomodidad que sentimos al principio al adoptar un nuevo hábito es una señal de que estamos desafiando nuestras viejas creencias, y eso es un paso crucial hacia el cambio positivo.


**La Frecuencia de vida**

La frecuencia en la que te encuentras determina tu nivel de satisfacción cuando una persona no tiene un porqué en su vida el trabajo que realiza se vuelve el más cansador de este mundo, si no tienes un propósito de vida estás totalmente en la frecuencia inadecuada.

Para los jóvenes este punto es muy importante, porque cuando cumples la mayoría de edad, te encuentras en momento de confusión pensando que alcanzaste tu libertad, pero lo único que sucede es asumir mas responsabilidades propias, y no precisamente compartidas como suele pasar en algunos casos, la búsqueda de la frecuencia para un joven no es la misma para alguien que ya tiene 30 o 40 años de edad, recordemos que el ser humano tiene etapas en su vida, y cuando estoy joven encontrar la frecuencia es vital para poderse desarrollar en un mundo sin perder muchas veces los mas valioso que es tiempo.

Tus resultados siempre van a ser el reflejo de lo que está sucediendo en tu interior, a veces nos equivocamos porque nos sentimos derrotados y muchas veces antes de empezar, escuchaba siempre sin poder entender al inicio este comentario; recuerda que a veces la cueva en la que temes entrar puede ser justo esa cueva la que guarda el gran tesoro que buscas.

La paciencia es una expresión de comprensión profunda todo sucede cuando debe suceder, no hay que presionar nada en la vida, recuerda que el universo te va a dar lo que tú le pidas, pero pídeselo con entusiasmo, con mucha fuerza y con muchas ganas y el universo te lo dará.

A veces es muy difícil encontrar esa frecuencia que te conecte con tus emociones, que te de entusiasmo muchas veces te sientes desorientado no sabes que camino tomar porque en el universo y en la vida de toda persona existe millones de frecuencias y tienes que establecer cuál es la que se conecta contigo, tienes que ver cuáles son tus gustos, tus preferencias, tienes que enlistarlos pero siempre darle paso a conocer, a explorar nuevas áreas de vida, no sabemos en un futuro en qué momento va a llegar esa conexión a través de esa frecuencia pero todo ser humano en algún momento en la vida tiende a ser ese clic; es allí donde debe de conectarse y construir lazos muy fuertes y empezar a vivir la vida con entusiasmo por que todo lo que hagas día a día independientemente la actividad a la que te vayas a dedicar,

lo vas a empezar a hacer con alegría porque estás en la frecuencia adecuada por eso es muy importante entender en qué frecuencia estás en este momento y cuál es la frecuencia que conecta con tus emociones.

La frecuencia la vas a determinar tú, vivimos en diferentes planos de vida, en algún momento de mi vida estaba en la frecuencia equivocada, el sentirme enfermo todo el tiempo, la gastritis emocional era mi mayor talón de Aquiles y solo lo pude vencer con el entendimiento profundo de que las enfermedades son caudas en muchas ocasiones por uno mismo, en muchas ocasiones era auto diagnosticado con un sin números de síntomas los cuales solo estaban refugiados en mi mente porque yo lo permitía, pero una vez que identifiqué ese mal en mí, empecé a conectarme con la frecuencia adecuada para mí, las capacidades empezaron a desarrollarse de la mejor forma posible y empecé a tener resultados en mi vida que no había conseguido nunca, y todo era porque había conectado con la frecuencia adecuada.


En el ámbito personal nuestra familia empieza siendo nuestra primera frecuencia de emoción nuestros padres, hermanos porque son sentimientos de hermandad son sentimientos de amor en los cuales te sientes muy motivado y amas la vida, pero después llega el momento en que quieres abrirte al mundo externo y es allí cuando empieza los problemas de toda persona te preguntas ¿Cuál será la frecuencia para mí? ¿Cuál será la frecuencia indicada? pero como te lo indiqué anteriormente llega en algún momento futuro y debes conectarte de manera inmediata y amar todo lo que está en tu entorno, tus estudios, tu actividad laboral, los amigos, tus sueños, tus anhelos el universo todo absolutamente todo de esa forma te sentirás una persona que tiene un propósito de vida sentirás mucha estabilidad emocional física y mental en la que tu conexión está en la frecuencia indicada.

Recuerda la frecuencia siempre está en tu entorno, solo debes de identificar cual se conecta contigo, existen casos en que esa frecuencia se conectan desde muy pequeño, a un futbolista que le gusta chutar la pelota todo el tiempo ya nace con esa frecuencia y a futuro muchas veces a través de esa frecuencia hace su actividad principal para generar ingresos y vivir de lo que le gusta, a otros les lleva más tiempo en encontrar la frecuencia pero siempre llega, solo debes de identificarla cual es la que se conecta contigo, a más de nacer y seguir todo el ciclo que siempre hemos escuchado todos tenemos propósitos de vida, tenemos la misma cantidad de tiempo en el día del hombre más millonario del mundo como del hombre sin ninguna riqueza, solo depende que hacemos con ese tiempo, somos seres creados con tanta perfección que podemos decidir que hacer cada día, si realizar actividades que construyan o no tu vida, somos cuerpos físicos pero estamos hechos de muchas perfecciones que desconocemos y debeos descubrirlas trabajando en el mejoramiento y entendimiento personal todos los días.

La práctica no nos hace perfecto, pero la practica perfecta nos hace perfecto, aprovechar el tiempo solo depende de nosotros y la frecuencia indicada llegara porque no hay resultado que se resista a una acción diaria de forma recurrente.

La riqueza es la palabra que debe hacer eco dentro de nosotros todo el tiempo, riqueza al hablar, al leer, al expresarnos, al amar, al trabajar, en todo momento del día, la riqueza integral debe acompañarte.

Cada mañana despertamos con un nuevo capitulo de vida, y creamos todo en nuestra mente, desde el aseo, el alimento lo laboral que voy a desarrollar ese día, lo fabuloso a todo esto es que la frecuencia de cada día la ponemos nosotros, empieza mirándote en el espejo y valorar lo hermoso que eres como ser humano, bésate el brazo, siente ese cariño y amor de ti para ti y tu día será tan maravilloso porque entenderás que eres la mejor creación que dios pudo hacer en tu vida.

El amarse a sí mismo es sinónimo de gratitud ante los ojos del creador, vela por tus sueños y anhelos y compártelos con las personas que mas te consideran sean gente de sangre o no, transmitir esa alegría al prójimo es sensación de bienestar a la sociedad.

La frecuencia de vida se refiere a la energía vibracional que emitimos y atraemos. Examina cómo nuestras emociones, pensamientos y acciones afectan la frecuencia en la que vivimos. Proporciona herramientas prácticas para elevar la frecuencia de vida, como la gratitud, el optimismo y la conexión con la naturaleza. Demuestra cómo vivir en una frecuencia elevada puede atraer experiencias más positivas.

La frecuencia de vida es la vibración energética que emitimos al universo y que atraemos de vuelta hacia nosotros. Imagina que eres una antena transmitiendo y recibiendo señales. Nuestros pensamientos, emociones y acciones determinan la frecuencia en la que vivimos. Elevar esta frecuencia es fundamental para atraer experiencias más positivas.

Explora cómo la gratitud, el optimismo y la conexión con la naturaleza pueden ser poderosas herramientas para elevar tu frecuencia de vida. Comprende que cada pensamiento y emoción son como ondas que resonarán en el universo, atrayendo situaciones y personas que estén en sintonía con esa frecuencia.

Destaca la importancia de ser consciente de nuestra energía, ya que afecta no solo nuestra realidad personal sino también el entorno que creamos a nuestro alrededor. Proporciona ejercicios prácticos para aumentar la conciencia de la propia frecuencia y ofrece sugerencias para mantenerla en niveles positivos.

Este tema te llevará a explorar el poder que tienes para influir en tu realidad mediante la gestión consciente de tu energía y cómo esto puede ser fundamental para el logro de tus metas y la materialización de tus sueños.

**La Energía del ser humano**

La energía es muy importante en el ser humano se traduce en la transmutación perpetua de la energía donde primero lo tienes en la mente como una idea y luego es trasmitido en acciones que lo puedes compartir con las personas que tú consideres y después lo mantienes en tus emociones y esas emociones se transmiten y en algún momento va a llegar el punto en el que se va a transformar en algo físico eso que tanto deseas va a llevar un periodo de tiempo, pero mientras está todo esto tú tienes que estar conectado con esa energía.

 El ser humano es la creación más perfecta en existir a través de los designio de Dios y tenemos tantas habilidades y muy internas que no la desarrollamos en toda nuestra vida ese talento deberíamos accionar y demostrarlo día a día para poder alcanzar  todo lo que nos proponemos pero depende de cada uno de nosotros hacerlo día a día puedes conseguir todo lo que te propongas pero siempre pasando a la acción que es la parte importante para que puedas alcanzar ese resultado, durante todo este camino vas a cometer errores eso es parte del éxito no quiere decir que has fracasado, con el enfoque adecuado vas a llegar al éxito porque no existe resultado que se resista a la acción.

Pídele al universo lo que deseas y él te lo dará, recuerda algo el que pide recibe, nunca dejes de pedir en el pedir está el resultado favorable para tu vida de esa forma encontraras el camino al cual quieres transitar porque la riqueza casi siempre suele estar en el lugar donde temes llegar.

Explora la naturaleza energética del ser humano, desde la física cuántica hasta la energía espiritual. Describe cómo cuidar nuestra energía vital es esencial para el bienestar general. Proporciona prácticas para mantener y aumentar la energía, como el ejercicio, la meditación y la alimentación saludable. Conecta la energía personal con la calidad de vida y la realización personal.

La energía es la fuerza vital que impulsa todas las acciones y experiencias humanas. Se manifiesta en diversas formas, desde el pensamiento y la emoción hasta la acción y la creación tangible. Explorar la energía del ser humano es sumergirse en un universo fascinante donde lo intangible se convierte en la fuerza motriz de la realidad.

La Transmutación Perpetua de la Energía:

La energía no se crea ni se destruye, simplemente se transforma. Comienza como una chispa en la mente, una idea que se gesta y evoluciona. Luego, esa idea se convierte en acción, en algo tangible que puede ser compartido con otros. Observar este proceso es presenciar la transmutación perpetua de la energía, desde el plano conceptual hasta su materialización en el mundo físico.

La Complejidad del Ser Humano:

El ser humano, como la creación más perfecta según los designios de Dios, está dotado de innumerables habilidades internas. Sin embargo, a menudo subestimamos o no desarrollamos plenamente estos talentos a lo largo de nuestras vidas. La acción diaria es clave para manifestar y demostrar estos dones internos, permitiendo alcanzar metas y objetivos. La conexión con nuestra propia energía interna es esencial para desatar todo nuestro potencial.

La Importancia de la Acción:

La energía en reposo es potencial sin explotar. Pasar a la acción es crucial para manifestar nuestras ideas y sueños. A lo largo del camino, es inevitable cometer errores, pero estos no son fracasos, sino lecciones valiosas en el camino hacia el éxito. El enfoque adecuado y la acción constante son elementos fundamentales para superar desafíos y lograr resultados positivos.

El Poder de la Petición al Universo:

Solicitar lo que deseamos al universo es reconocer nuestro papel activo en la creación de nuestra realidad. En el acto de pedir, establecemos una conexión con fuerzas más allá de nuestra comprensión, confiando en que recibiremos lo que necesitamos. Nunca dejar de pedir es mantener viva la llama de la manifestación y la posibilidad de alcanzar nuestras metas.

La Riqueza en el Lugar del Miedo:

La búsqueda de riqueza y éxito a menudo nos lleva a lugares desconocidos y desafiantes. Sin embargo, es precisamente en esos lugares donde tememos llegar donde la verdadera riqueza yace. Al enfrentar nuestros miedos y desafíos, descubrimos recursos internos que no sabíamos que teníamos. El camino hacia la riqueza integral no solo se trata de acumular bienes materiales, sino de explorar y expandir nuestro propio potencial.

Conexión con la Energía:

Física Cuántica y Espiritualidad:

Explora cómo la física cuántica y la espiritualidad convergen en la comprensión de la energía humana. La ciencia moderna y las antiguas sabidurías se encuentran en un terreno común al abordar la naturaleza esencialmente energética de la existencia.

Cuidado de la Energía Vital:

Describe prácticas diarias para cuidar y aumentar la energía vital. Desde el ejercicio físico y la meditación hasta la elección de alimentos saludables, estas acciones contribuyen no solo al bienestar físico, sino también al equilibrio emocional y mental.

Energía Personal y Calidad de Vida:

Conecta la gestión de la energía personal con la calidad de vida y la realización personal. Muestra cómo una energía positiva y equilibrada impacta directamente en la forma en que vivimos nuestras vidas y experimentamos el mundo que nos rodea.

Esta exploración de la energía humana no solo invita a la comprensión de conceptos más profundos, sino que también proporciona herramientas prácticas para aprovechar y dirigir esta fuerza vital en la creación de una vida plena y satisfactoria.


**El poder de decisión**

Las decisiones.- si sabes que la mejor herramienta que tenemos todos los seres humanos de la más alta calidad y más alta valía que no tiene coste alguno porque es impagable es la decisión, las decisiones de tu vida solo las puedes tomar tú y tú decides qué decisión vas a tomar solo ten en cuenta algo las personas exitosas toman decisiones y si las van a cambiar las cambian muy lentamente o casi nunca las cambian, pero las personas que están del lado del fracaso que toman decisiones cambian muy rápido esas decisiones, analiza esto las decisiones de tu vida son lo que te van a hacer alcanzar el éxito en el futuro.

Cuando te pones en armonía con las leyes de la naturaleza todo fluye y los resultados se te dan es importante vivir en armonía, la armonía te pone en la frecuencia adecuada para que vayas camino hacia el objetivo, por eso es importante que vivas en armonía.

Sí estudiarías las leyes entenderías que vivir en armonía es lo que predispone toda frecuencia de éxito, todo tiene una razón de ser, todo se da en función de las leyes universales lo que existe y lo que podemos ver hoy va a quedar en el pasado, el día de mañana van a salir nuevas cosas que estuvieron en la mente de toda persona pero que la llevaron esa idea a la acción y la convirtieron en un resultado, ese resultado que lo vas a poder disfrutar en un futuro es de conocimiento general. Nos pasamos generaciones y generaciones teniendo miedo, sobre todo teniendo miedo si salimos, si buscamos, si emprendemos, si pedimos, si hablamos siempre por todo tenemos miedo, pero es hora de erradicar ese miedo debes lanzarte debes de eliminar ese miedo y la única forma de hacerlo es que tomes la decisión de empezar y decir no voy a tener miedo voy a hacer lo que tengo que hacer y lo voy a hacer de esa forma la vida se vuelve muchísimo más fácil.

Empiezas donde estás y empiezas con lo que tienes no con lo que no tienes sino con lo que tienes y debes de ponerte en esa armonía de conexión y podrás atraer todo lo que quieras a tu vida desde las personas, familias, posición material, construcción de naturaleza, todo porque estás empezando con un nivel de armonía.

Analiza la importancia y el impacto de tomar decisiones conscientes en la vida. Aborda la responsabilidad personal que conlleva el poder de decisión y cómo nuestras elecciones configuran nuestro destino. Proporciona estrategias para tomar decisiones informadas y valientes, superando el miedo a equivocarse. Destaca casos de éxito que resultaron de decisiones fundamentadas.

La Herramienta Más Poderosa:

Las decisiones son la herramienta más poderosa que todos los seres humanos poseemos. Son el timón que dirige el curso de nuestras vidas. Su valía es incalculable, ya que no tienen costo alguno; son impagables. Las personas exitosas entienden y aprecian esta herramienta, tomando decisiones con convicción y firmeza. Analiza cómo las decisiones que tomamos son como semillas que plantamos, y su crecimiento determina el fruto que cosechamos en el futuro.

Persistencia en las Decisiones:

Las personas exitosas no solo toman decisiones, sino que también se mantienen firmes en ellas. Mientras que aquellos del lado del fracaso cambian de decisión rápidamente, los triunfadores ajustan su rumbo con cautela y lentitud, si es necesario. Explora la importancia de la persistencia en las decisiones, cómo la coherencia y la solidez en nuestras elecciones pueden marcar la diferencia en el camino hacia el éxito.

Armonía con las Leyes de la Naturaleza:

Vivir en armonía con las leyes de la naturaleza es esencial para que todo fluya en la dirección correcta. Analiza cómo las decisiones tomadas en sintonía con estas leyes predisponen una frecuencia de éxito. La armonía actúa como un catalizador que facilita el camino hacia los objetivos. Proporciona ejemplos y prácticas para vivir en armonía con el entorno y las leyes universales.

El Miedo y su Erradicación:

El miedo es a menudo el mayor obstáculo para tomar decisiones audaces. Explora la naturaleza del miedo y cómo este puede limitar nuestras aspiraciones. Presenta estrategias para erradicar el miedo, destacando que la única forma de superarlo es tomando la decisión de enfrentarlo. Alienta a los lectores a lanzarse, eliminando el miedo y haciendo que la vida sea significativamente más fácil.

Comenzar con lo que Tienes:

El proceso de toma de decisiones comienza donde estamos y con lo que tenemos en este momento. Fomenta la idea de que no necesitamos esperar condiciones ideales para empezar; podemos utilizar los recursos y habilidades disponibles en el presente. La toma de decisiones conscientes nos permite comenzar a construir nuestro camino hacia el éxito desde el punto en el que nos encontramos.

La Conexión y la Atracción:

Cuando tomamos decisiones desde un lugar de armonía, nos conectamos con una frecuencia que atrae lo que deseamos a nuestras vidas. Explora cómo nuestras elecciones no solo impactan nuestro presente sino que también influyen en el futuro que estamos construyendo. La conexión con la armonía nos permite atraer relaciones, oportunidades y bienestar material.

El Aprendizaje de los Errores:

Aborda la idea de que los errores son parte integral del proceso de toma de decisiones. Enfatiza que los errores no son fracasos, sino lecciones valiosas. Proporciona estrategias para aprender de los errores, ajustar el enfoque y continuar avanzando con sabiduría.

Estudios de Caso y Ejemplos de Éxito:

Ilustra la importancia de la toma de decisiones con estudios de caso y ejemplos de personas exitosas. Muestra cómo decisiones informadas y valientes han sido la clave de sus triunfos. Esto proporciona inspiración y evidencia práctica de cómo las decisiones fundamentadas pueden cambiar el curso de una vida.

Conclusiones y Reflexiones:

Resalta la importancia de cultivar la habilidad de tomar decisiones conscientes en la vida cotidiana. Alienta a los lectores a reflexionar sobre sus propias decisiones, a identificar áreas de mejora y a comprometerse con un proceso continuo de crecimiento personal a través de elecciones informadas y valientes.

**Las Herencias culturales**

Las Herencias culturales son fuerzas poderosas ya que están marcadas a través de tus ancestros tus padres, tus abuelos, tus tatarabuelos y hasta los padres de estos últimos se remontan a épocas pasadas donde marcan tu vida a partir de tu crecimiento y son tan fuertes estas raíces que pueden determinar tu futuro y en ese crecimiento a través de tu entorno cuando tú tomas nuevos rumbos nuevos caminos y cambiar esos paradigmas puedes encontrarte en el camino diferente a lo de tus ancestros por eso hay personas que han venido de familias muy pobres pero han tenido que romper esas cadenas para entrar en nuevos hábitos y poder determinar objetivos diferentes para su vida, el personaje que han cambiado por ser un profesional, por  ser independiente en la parte laboral, por construir familia, por construir un imperio desde un negocio muy pequeño en el largo plazo, hay que entender algo que es muy relevante, las cosas importantes en la vida se construyen en el largo plazo, las personas que tienen éxitos construyen su éxito en el largo plazo sabemos la fecha de inicio pero no sabemos la fecha en el futuro en la que se va a tener ese resultado.

Firme en la pared del imperio que quiero construir ladrillo tras ladrillo va a llegar un momento en un futuro donde yo voy a tener ese imperio que lo tenía en mi mente como una idea, como un sueño y lo pude llevar a la realidad, hay personas hoy en día que se dispersan muy rápidamente que salen de ese camino de su objetivo que cambia muy rápidamente su decisiones y eso no determina realmente el poder alcanzar el éxito recordemos algo el éxito está del otro lado del fracaso son polos opuestos, yo estoy muy claro de eso y sé que hay un camino que recorrer estrictamente tengo que hacerlo con disciplina para irme al otro lado donde está el éxito siempre ha sido así y me inclino a que siempre va a ser así pero va a depender de cada persona recuerda que tú eres la única persona que marca tu vida presente en este planeta pero tu entorno a través de tu crecimiento y las decisiones que vas adoptando y vas tomando son las que va a marcar tu vida futura.

Tu carácter es formado a través de un conjunto de hábitos y esos hábitos se traducen en resultados, mientras va pasando el tiempo de manera favorable construye un blindaje de actividades disciplinadas.

Si ves todo el panorama específico tendrás una mejor visión, una mejor perseverancia para tener claro el resultado.

 Explora cómo las herencias culturales, ya sean familiares o sociales, influyen en nuestras creencias, valores y comportamientos. Examina la importancia de comprender y cuestionar estas herencias para vivir una vida más auténtica. Destaca historias de personas que han desafiado las expectativas culturales para seguir su propio camino.

La Poderosa Influencia Ancestral:

Las herencias culturales son como raíces profundas que se extienden a través del tiempo, marcadas por las vidas de ancestros, padres, abuelos y más allá. Estas fuerzas poderosas moldean tu identidad desde la infancia y ejercen una influencia notable en tu crecimiento. Analiza cómo estas herencias actúan como una brújula que inicialmente guía tu vida, pero que puede ser redefinida cuando decides tomar nuevos caminos y romper con paradigmas preestablecidos.

La Transformación Personal:

Personas que provienen de entornos culturalmente limitados han demostrado que pueden romper las cadenas impuestas por sus ancestros. Explora las historias de aquellos que han cambiado su destino al convertirse en profesionales, independientes laboralmente o al construir imperios empresariales desde humildes comienzos. La capacidad de cambiar el curso de la vida al desafiar las expectativas culturales es un testimonio del poder de la determinación y la autenticidad personal.

La Construcción en el Largo Plazo:

Destaca la relevancia de construir el éxito en el largo plazo. Mientras algunas personas buscan resultados inmediatos, aquellos que han alcanzado el éxito comprenden que las cosas importantes en la vida requieren tiempo y perseverancia. Ilustra este punto mediante la analogía de construir un imperio ladrillo tras ladrillo, resaltando la importancia de tener una visión a largo plazo y la disciplina para mantenerse en el camino.

Disciplina y Blindaje de Actividades:

El carácter de una persona se forma a través de un conjunto de hábitos arraigados en las herencias culturales y las decisiones personales. Muestra cómo la disciplina en la ejecución de actividades diarias crea un blindaje que fortalece la capacidad de perseverar a lo largo del tiempo. Analiza cómo estos hábitos se traducen en resultados y cómo, con el tiempo, construyen un camino sólido hacia el éxito.

Cambio de Decisiones y Resistencia al Fracaso:

Destaca la importancia de resistir la tentación de cambiar decisiones de manera impulsiva. Comprende que el éxito a menudo reside al otro lado del fracaso y que cambiar rápidamente de rumbo puede alejarte de tus objetivos. Explora cómo la disciplina y la resiliencia son fundamentales para atravesar los desafíos y superar las dificultades que surgen en el camino hacia el éxito.

Perspectiva Específica y Visión Clara:

Alienta a los lectores a adoptar una perspectiva específica que les permita tener una visión clara de sus metas. Analiza cómo entender el panorama completo proporciona una mejor comprensión y perseverancia para alcanzar resultados. Destaca la importancia de mantener una visión clara incluso cuando enfrentas desafíos y obstáculos.

Conclusión Emponderadora:

Concluye enfatizando que, aunque las herencias culturales pueden ser poderosas, cada individuo tiene el poder de decidir y forjar su propio destino. Invita a los lectores a reflexionar sobre cómo las decisiones personales y la autenticidad pueden ser la clave para liberarse de las expectativas culturales y vivir una vida más auténtica y satisfactoria.

## El Valor umbral

El valor umbral del vendedor empieza a nacer cuando hace su primera venta de allí en adelante 10,000 horas para volverse expertos mundiales y en todas las actividades se convierte en un fuera de serie la verdadera maestría 10,000 horas necesita el cerebro y todo este tiempo para asimilar cuánto necesita conocer para alcanzar un dominio verdadero la práctica no es lo que hace cuando es bueno es lo que uno hace para volverse bueno.

Deshacerte de todo lo que no te sirve va a ser muy importante para tu vida porque le vas a brindar espacio a nuevas cosas positivas, algún momento se han dado cuenta que las personas les cuesta deshacerse de las cosas que le hacen daño en el trabajo también pasa en la vida en general pasa, se debe aprender a dejarlo ir, deshacer lo que no te hace bien alejarte de lo que no suma en tu vida eso es importante para ti, para qué día a día te sientas con nuevas energías y te cambias a la frecuencia en la cual te vas a sentir muy bien con mucha satisfacción y con muchas ganas de seguir adelante.

El cumplimiento de objetivos es sinónimo de éxito cuando te mueves a cumplir ese objetivo en lo más mínimo que empieces a hacer y cumplas el objetivo ya tienes el éxito el éxito son pequeños ciclos de objetivos que vas alcanzando día a día y de esa forma te va a llegar a ti el éxito, el es determinado por el cumplimiento de esos objetivos que te vas planteando.

Es el comienzo lo que detiene, a la mayoría de la gente el empezar es la barrera más fuerte que tiene para poder avanzar, si pasas la primera barrera que es el inicio de hacer algo podrás llegar a la meta podrás día a día con paso firme la gente a veces no lo entiende y le cuesta empezar, pero desde el momento que empiezas no vas a parar según las estadísticas basadas en nuestra conducta de las personas el 95% no empieza, una nueva idea no empiezan un nuevo negocio tampoco un nuevo proyecto de vida, pero cuando cambiemos esto cambiará la vida de las personas.

Si no te están gustando los resultados que estás obteniendo tienes que cambiar, debes cambiar porque son tus resultados todo el proceso de acción que estás tomando y te están dando resultados que no te agradan simplemente debes de identificar cuáles son las debilidades que tienes y cambiar a fortalezas recuerda que los resultados es lo que tienes en base a un trabajo realizado anteriormente es importante determinar todo el tiempo que te lleva a ese resultado para cambiar en automático; mejorar día a día nuestro sistema de creencias se basa en la capacidad de revaluación hay que re evaluarse todos los días para llegar a un mejoramiento óptimo y cumplir con esas metas planteadas cada vez que consideras reevaluar empiezas desde cero es lo maravilloso que tenemos todo ser humano tener esa capacidad de decisión de empezar desde un inicio y poder a través de un proceso estructurado sistemático y establecido llegar a esos objetivos planteados.

Muchos hablan de riqueza considerando que es obtener dinero, pero la riqueza sin duda va más allá es sentirse realizado completamente como persona.

hablando de experiencias propias entras en un camino de prueba y error por la falta de experiencias consideramos que todo error es un fracaso y no precisamente es así debes considerar que todo error o como lo llames son intentos por conseguir un resultado es todo un proceso de gestación que a través de una decisión que has tomado sabes la fecha de inicio, pero no sabes cuál va a ser la fecha final ni tampoco el número de intento que tienes que pasar para conseguir un determinado resultado.

La proactividad ser proactivo se define asumir las responsabilidades de cada uno y transformarlas en algo tan maravilloso que es definir la eficacia que se va construyendo en base a acciones diarias.

Resistencia y Determinación se debe tener como cualidades y definiendo tus prioridades donde debes enfocar tu energía, recuerda que donde esta tu enfoque esta direccionada tu energía, debes bloquear tu tiempo por las próximas dos semanas en actividades productivas para tu vida de esa forma podrás llevar el termómetro, podrás medir a través de actividades ya establecidas con anterioridad poderlas manejar de mejor forma, el block Time o bloqueo de tiempo te ayudará a poder enfocarte en determinadas actividades y cada ciclo que empieces poderlo terminar con éxito.

El valor umbral se refiere al nivel de tolerancia que una persona tiene ante las dificultades y desafíos. Analiza cómo fortalecer el valor umbral puede ser crucial para superar obstáculos y alcanzar metas. Proporciona estrategias para desarrollar resiliencia y enfrentar situaciones difíciles con coraje y determinación.

El Nacimiento del Valor Umbral:

Explora cómo el valor umbral del vendedor comienza a gestarse con su primera venta. Destaca la importancia de este valor, que se cultiva a lo largo del tiempo y requiere al menos 10,000 horas para alcanzar la maestría. Examina cómo la práctica constante, la dedicación y el aprendizaje continuo son fundamentales para convertirse en un experto en cualquier campo.

Deshaciéndote de lo Innecesario:

Aborda la relevancia de deshacerse de lo que no sirve en la vida. Analiza cómo este proceso de eliminación libera espacio para nuevas oportunidades y experiencias positivas. Inspira a los lectores a aprender a soltar lo que no suma, permitiéndoles recargarse con energías renovadas y entrar en frecuencias más positivas.

El Cumplimiento de Objetivos y el Éxito:

Relaciona el cumplimiento de objetivos con el éxito. Muestra cómo cada pequeño logro diario contribuye al éxito general. Destaca la idea de que el éxito se construye a través de ciclos de cumplimiento de objetivos y cómo cada paso, por más pequeño que sea, es crucial para alcanzar el éxito.

La Barrera del Comienzo:

Aborda la barrera inicial que detiene a muchas personas: el miedo o la resistencia a dar el primer paso. Analiza estadísticas que revelan que la mayoría de las personas no inicia nuevos proyectos o emprendimientos. Proporciona estrategias para superar esta barrera inicial y fomenta un cambio cultural que motive a las personas a dar el primer paso hacia sus metas.

La Adaptabilidad y el Cambio:

Destaca la importancia de la adaptabilidad y la capacidad de cambiar cuando los resultados no son satisfactorios. Examina cómo la identificación de debilidades y su transformación en fortalezas es esencial para el progreso. Anima a los lectores a mejorar continuamente y a ajustar su sistema de creencias para lograr resultados más positivos.

La Riqueza más Allá del Dinero:

Explora la idea de que la riqueza va más allá del aspecto financiero. Muestra cómo sentirse completamente realizado como persona es una forma de riqueza. Invita a los lectores a reflexionar sobre lo que realmente significa ser rico y cómo pueden alcanzar esa plenitud en sus vidas.

La Importancia de la Proactividad:

Aborda la proactividad como la asunción de responsabilidades y la transformación de estas en acciones efectivas. Destaca cómo ser proactivo contribuye a construir eficacia y éxito en la vida cotidiana. Proporciona ejemplos y estrategias para fomentar la proactividad.

Prueba y Error:

Habla sobre la experiencia de entrar en un camino de prueba y error. Destaca la importancia de entender que los errores no son fracasos, sino intentos por conseguir un resultado. Anima a los lectores a ver los errores como parte del proceso de aprendizaje y como oportunidades para mejorar y evolucionar.

La Importancia del Bloqueo de Tiempo:

Introduce la técnica del bloqueo de tiempo como una herramienta para enfocar la energía en actividades productivas. Proporciona consejos sobre cómo utilizar el bloqueo de tiempo para gestionar eficazmente las tareas diarias y evaluar el progreso personal.

Resistencia y Determinación:

Destaca la resistencia y determinación como cualidades esenciales. Define la importancia de establecer prioridades y enfocar la energía en áreas específicas. Proporciona estrategias para fortalecer la resistencia y la determinación, fundamentales para superar desafíos y alcanzar metas.

Conclusiones Empoderadoras:

Concluye enfatizando la importancia del valor umbral en la superación de desafíos y la consecución de metas. Invita a los lectores a desarrollar la resiliencia, enfrentar situaciones difíciles con coraje y determinación, y cultivar un valor umbral que les permita avanzar hacia el éxito en todas las áreas de sus vidas.

**Etapas de vida**

Explora las diferentes etapas de la vida y cómo cada una presenta oportunidades únicas de crecimiento y desarrollo. Examina las transiciones, los desafíos y las recompensas asociadas con cada etapa. Proporciona orientación para aprovechar al máximo cada fase de la vida, desde la juventud hasta la jubilación.

El ser humano tiene etapas en su vida y es considerado que cada 10 años cambia el enfoque de vida, cambia su óptica de ver las cosas y debes estar claro que de los 20 a los 30 años de edad debe construir y fortalecerse en la parte académica para llegar a un nivel élite y esto complementarlo con experiencias, de los 30 a los 40 es el momento en que debes ejecutar todos tus conocimientos y habilidades adquiridas para que puedas construir patrimonio familiar y todos los objetivos planteados, de los 40 a los 50 vas a ver la vida con más equilibrio y a entender que la parte física o el dinero no era lo más importante sino todo lo que lo que has construido a través de una linda familia, un lindo hogar haber contribuido con el crecimiento de tus hijos para otorgarlos a la sociedad y puedan sumar a su país donde tal vez algunos ya no tengan a sus padres y empiezas a sentir como la vida pasa muy rápidamente y está cercano del medio siglo de vida, de los 50 a los 60 tus fuerzas no son las mismas pero tu mente es tan maravillosa que ha asumido muchísimas experiencias y le das valor a la riqueza integral, hoy en día me levanto más temprano y adopto los 4-15 como les llamo de fortalecimiento integral donde dedico 15 minutos a la oración para fortalecer el espíritu, 15 al ejercicio para fortalecer el cuerpo, 15 a la lectura para fortalecer el conocimiento y 15 a la meditación para fortalecer el equilibrio, Cuando ingresas a esta frecuencia estás en un equilibrio integral donde te sientes una persona totalmente realizada.


 Por qué al hacer todo esto estaríamos adelantándonos entre una y dos décadas, solamente con dejarnos guiar por personas que ya lo han vivido se facilita mucho el poder adoptar este patrón de riqueza integral.

Descubre qué te motiva en la vida si estás en la década de vida entre los 20 y los 30 y no sabes qué destino escoger, analiza un poco en tu entorno gustos y preferencias realiza anotaciones de carreras académicas de trabajos y de todo lo que te guste y date cuenta qué es lo que te conecta qué es lo que te hace sentir bien y escoge ese camino, porque si lo haces así se te va a facilitar muchísimo el poder estar en una frecuencia de riqueza integral sin tener que vivir o practicar varios intentos para alcanzar el resultado que buscas.

Lo fácil y sencillo suele ser en la mayoría de los casos lo mas cómodo, porque hoy en día la simplicidad te ayuda mucho a tomar decisiones correctas y alcanzar esa realización como persona que tanto buscas en una edad joven, el enfoque que le doy al libro es que puedas entender que al releer esta lectura encontrar algo en ti que no vistes antes.

Te deslumbras por todas esas capacidades que vas descubriendo, y mientras pasa el tiempo y adoptas mas edad estos cicles se vuelen más fácil de aceptarlos y reprogramarte todo el tiempo en la frecuencia adecuada para tu vida.

Explorando las Diferentes Etapas:

Sumérgete en el análisis detallado de las diferentes etapas de la vida y cómo cada década presenta oportunidades únicas de crecimiento. Examina cómo cambiar el enfoque de vida cada 10 años puede influir en las decisiones, metas y perspectivas.

De los 20 a los 30: Construcción y Fortalecimiento:

Detalla la importancia de la construcción académica y el fortalecimiento personal en las primeras etapas de la vida adulta. Proporciona orientación sobre cómo construir una base sólida para el futuro y equilibrar la adquisición de conocimientos con experiencias significativas.

De los 30 a los 40: Ejecución y Construcción Patrimonial:

Aborda la transición hacia la ejecución de conocimientos y habilidades adquiridas. Destaca la importancia de construir patrimonio familiar y alcanzar metas profesionales durante esta fase. Ofrece estrategias para equilibrar la vida profesional y personal.

De los 40 a los 50: Equilibrio y Reflexión:

Explora cómo esta etapa de la vida se caracteriza por un mayor equilibrio y una perspectiva más amplia. Examina la importancia de valorar aspectos más allá de lo material, como la familia y las contribuciones a la sociedad. Proporciona consejos para afrontar la llegada a la mediana edad.

De los 50 a los 60: Experiencias y Riqueza Integral:

Analiza cómo las fuerzas físicas pueden disminuir, pero la mente se enriquece con experiencias acumuladas. Introduce la rutina de los "4-15" como una forma de fortalecimiento integral. Destaca la importancia de la riqueza integral, que va más allá de lo financiero.

Motivación y Conexión:

Invita a los lectores a descubrir qué los motiva en cada etapa de la vida. Proporciona consejos para aquellos en la década de los 20 y los 30 que buscan orientación, alentándolos a explorar sus gustos y preferencias para tomar decisiones informadas sobre su camino.

Adoptando la Simplicidad y Comodidad:

Resalta la idea de que la simplicidad y la comodidad a menudo son clave para tomar decisiones correctas y alcanzar la realización personal. Ofrece perspectivas sobre cómo abrazar lo fácil y sencillo puede facilitar la búsqueda de la riqueza integral.

Reprogramación y Aceptación de Ciclos:

Explora la importancia de la reprogramación constante y la aceptación de los ciclos de la vida. Anima a los lectores a adoptar cambios y a reprogramarse continuamente para mantenerse en la frecuencia adecuada para su desarrollo y bienestar.

Conclusiones Transformadoras:

Concluye destacando la importancia de aprovechar al máximo cada etapa de la vida, reconociendo las oportunidades de crecimiento y aprendizaje en cada década. Inspirando a los lectores a reflexionar sobre sus propias experiencias y motivaciones, se cierra el libro con un enfoque transformador hacia un futuro pleno y enriquecedor.


### Riqueza Integral

He leído muchos libros y en todos casi coinciden en decir de que debes dejar algo a cambio para poder obtener riquezas hasta el punto de no pasar una navidad con tu familia, esto me ha hecho reflexionar en mi vida y yo lo veo desde otra perspectiva no permitirse dejar nada a un lado de esos momentos que nunca se van a repetir porque una navidad es diferente a otra porque un cumpleaños de tu papá o hijos es diferente a otro la riqueza empieza cuando tu espíritu está completamente agradecido con tu mente y con tu cuerpo y eso se expresa en mucha alegría en ti de haber disfrutado todos esos momentos maravillosos en los cuales nunca te vas a arrepentir porque tomaste la decisión de compartir, debemos tener la empatía y el equilibrio en nuestra vida, saber y estar convencido que podemos hacerlo todo con orden con planificación y con mucho entusiasmo y alegría involucrando a nuestros seres queridos en todo lo que hacemos, la vida se hace mucho más fácil y comienzas a generar riqueza en todo sentido.

No esperes más la riqueza puedes disfrutarla desde ya, vive en abundancia en todo lo que hagas en la vida.

www.ingramcontent.com/pod-product-compliance
Lightning Source LLC
Chambersburg PA
CBHW080246260726
48658CB00008B/3252